वंदन

विवेक कुमार

AF417146

Copyright © vivek kumar
All Rights Reserved.

This book has been self-published with all reasonable efforts taken to make the material error-free by the author. No part of this book shall be used, reproduced in any manner whatsoever without written permission from the author, except in the case of brief quotations embodied in critical articles and reviews.

The Author of this book is solely responsible and liable for its content including but not limited to the views, representations, descriptions, statements, information, opinions and references ["Content"]. The Content of this book shall not constitute or be construed or deemed to reflect the opinion or expression of the Publisher or Editor. Neither the Publisher nor Editor endorse or approve the Content of this book or guarantee the reliability, accuracy or completeness of the Content published herein and do not make any representations or warranties of any kind, express or implied, including but not limited to the implied warranties of merchantability, fitness for a particular purpose. The Publisher and Editor shall not be liable whatsoever for any errors, omissions, whether such errors or omissions result from negligence, accident, or any other cause or claims for loss or damages of any kind, including without limitation, indirect or consequential loss or damage arising out of use, inability to use, or about the reliability, accuracy or sufficiency of the information contained in this book.

Made with ♥ on the Notion Press Platform
www.notionpress.com

क्रम-सूची

भूमिका

प्रभु वंदना के लिए मंत्रो का जाप व प्रार्थनाओं और स्तुतियो का गायन हिन्दू संस्कृति का अभिन्न अंग रहा है।लोकजीवन से जुड़े अपने अनुभव से मैंने चार ईश वन्दनायों को हिन्दू धर्मावलम्बियों में सर्वाधिक प्रचलित व लोकप्रिय पाया है।इनमें पहला स्थान तुलसीदास जी कृत हनुमान चालीसा का है।घर मन्दिर सभी स्थानों पर इसका श्रद्धा से पाठ किया जाता है।महाकवि तुलसीदास जी ने अवधी भाषा में इसकी रचना की है और हनुमान जी की कृपा प्राप्त कर उन्हें प्रसन्न करने हेतु भक्त नित्य इसका पाठ करते हैं।

तुलसीदास जी कृत रामचरित मानस के **सुन्दरकाण्ड** का पाठ दूसरा सर्वाधिक लोकप्रिय अनुष्ठान है।संकट काल में इसका पाठ दुख संताप से मुक्ति दिलाता है,ऐसी हिन्दू धर्मावलम्बियों में दृढ़ आस्था है।सुंदर कांड की रचना भी अवधी में की गई है।

महामृत्युंजय मंत्र भक्तगण द्वारा जप किया जाने वाला एक प्रमुख मंत्र है जिससे काल पर भी विजय प्राप्त किये जाने की लोक आस्था है।इसकी रचना मार्कण्डेय ने संस्कृत में की है।

शिव भक्त,रावण द्वारा रचित शिव तांडव स्त्रोत को उसी आस्था व विश्वास के साथ पढ़ते हैं,जिस श्रद्धा से हनुमान भक्त हनुमान चालीसा का पाठ करते हैं।ये स्त्रोत संस्कृत में रचित है।

सुंदर कांड व हनुमान चालीसा की भाषा अवधी होने से आम लोगो के लिए इन्हें समझ पाना सहज नहीं रहता, इसी प्रकार महामृत्युंजय मंत्र और शिव तांडव स्त्रोत की रचना संस्कृत में होने से इन्हें समझना अत्यंत कठिन है।जब इन मंत्रो को आमजन ठीक से समझ ही नही पायेंगे तो इन्हें आत्मसात करना तो असंभव है।

सरल मुक्त छंदों में रचित मेरी पुस्तक रामकथा को सभी पाठको का स्नेह प्राप्त हुआ था और इस कृति को पढ़ने के बाद मेरे एक मित्र की माता जी ने मुझे शिव तांडव स्त्रोत का सरल हिंदी छंदों में भावानुवाद करने का दायित्व सौंपा और उस दिन से ही मैंने हमारी आस्था से जुड़े प्रभावशाली व चमत्कारी मंत्रो का सरल हिंदी भावानुवाद करने का मन बना लिया।

मैंने यह प्रयास किया है कि न केवल इन ईश वन्दनाओं को बल्कि इनके पीछे की कथा को भी छंदों के माध्यम से पाठको के लिए प्रस्तुत करूँ,जिससे वे इन प्रार्थनायो की पृष्ठभूमि को भी जान सकें।

प्रभु इच्छा से मैंने यह रचना कर्म पूर्ण श्रद्धा व निष्ठा से पूर्ण करने का प्रयास किया है,अपने इस यत्न में मैं कितना सफल हो पाया हूँ, यह निर्णय तो अब सुधि पाठको के हाथो में है, फिर भी यदि इस पुनीत कार्य में मेरी ओर से कोई त्रुटी रही हो,तो मैं क्षमा प्रार्थी हूँ।

विवेक कुमार
अगस्त 2024, जयपुर

कंटक पथ के दूर करे,और बीज सुखों के बोए,जो सच्चे मन
याद करे,बस प्रभु उसी के होए

हाथ जोड़ वंदन करूँ और मांगू ये वरदान,सब पाएं सुख
शांति,हो सबका कल्याण

1. प्रार्थना

हिंदू धर्म में प्रार्थना भक्ति व उपासना का महत्वपूर्ण अंग है।प्रार्थना भगवान से जुड़ने का सरल और शक्तिशाली माध्यम है।प्रभु की प्रार्थना करने के कई आध्यात्मिक व मानसिक लाभ है।यह मन को शांति व सकारात्मक ऊर्जा प्रदान करती है।हिंदू धर्म में यह दृढ़ मान्यता है कि सच्चे मन से की गई प्रार्थना भगवान अवश्य सुनते हैं।

जीवन,तुझको सौंप कर
त्याग,शोक-अवसाद
सुख-दुख को मानूं प्रभु
तेरा ही परसाद

जो उत्तम मेरे लिए
वो मुझको मिल जाए
तेरी कृपा अनंत है
तू ही राह दिखाए

तेरी शक्ति से प्रभु
हर बाधा तर जाऊं
निश्चित किए विधान को
हंस कर गले लगाऊं

भाव तुझे अर्पित सभी
अर्पित है हर श्वास
शरणागत तेरे प्रभु
सुख का हो आभास

आशाएं तुमसे बंधी
तुम संग बंधे विचार
सांस के कण-कण में तुम्हीं
तुम जीवन का सार

शुभ-मंगल तेरा स्मरण
तुझ पर है विश्वास
तेरा ही सब सृजन है
ये भू, ये आकाश

मेरे रक्षक तुम बने
कर दुष्टों का नाश
संकट बाधा विध्न से
नहीं हो विचलित श्वास

सुख वैभव सब तुझसे है
तुझसे है कल्याण
तेरे चरणों में प्रभु
किया है अर्पित मान

तुझसे यश व कीर्ति
तुझसे सब आनन्द
जागे ज्ञान विवेक जब
मिट जाता है द्वंद

न कर्ता का भाव हो
न मैं का अभिमान
सुख-दुख को समभाव से
देखूं दया निधान

क्या पाया,क्या खो दिया
क्या है हर्ष विषाद
छांव तले संतोष की
सुख की हो बरसात

द्वेष शत्रुता दंभ मद
त्यागे सभी विकार
निर्मल हृदय की है प्रभु
सुन लो करुण पुकार

पाप पुण्य से हो परे
तोड़ के माया पाश
झूठ कुटिलता त्याग कर
आ चलें राम के पास

2. हनुमान चालीसा

हनुमान चालीसा रामभक्त कवि गोस्वामी तुलसीदास जी द्वारा अवधी भाषा में रचित एक काव्यात्मक कृति है जिसमें प्रभु श्री राम के महान भक्त हनुमान जी के गुणों एवं कार्यों का चौपाईओं में वर्णन है। यह अत्यन्त लघु रचना है जिसमें पवनपुत्र श्री हनुमान जी की सुन्दर स्तुति की गई है। 'चालीसा' शब्द से अभिप्राय 'चालीस' (40) का है क्योंकि इस स्तुति में परिचय के दो दोहों को छोड़कर चालीस छन्द हैं।

हिन्दू धर्मवालम्बियों के बीच यह चालीसा बहुत प्रसिद्ध एवं लोकप्रिय है। लगभग सभी हिन्दुओं को यह कण्ठस्थ होती है और वह नित्य इसका पाठ करते है । सनातन धर्म में हनुमान जी को वीरता, भक्ति, साहस और बल की प्रतिमूर्ति माना जाता है। विश्व भर के हिंदुओं में, यह एक बहुत लोकप्रिय मान्यता है कि चालीसा का जाप गंभीर समस्याओं में हनुमान जी के दिव्य हस्तक्षेप का आह्वान करता है और कष्टों से मुक्ति दिलाता है ।

शिव जी के रुद्रावतार माने जाने वाले हनुमान जी को बजरंगबली, पवनपुत्र, मारुतीनन्दन, केसरी नन्दन, महावीर आदि नामों से भी जाना जाता है । । हनुमान जी का प्रतिदिन ध्यान करने और उनके मन्त्र का जाप करने से मनुष्य के सभी भय दूर होकर, क्लेश व संताप मिटते हैं।

भावानुवाद

गुरु चरणों की पावन रज से
मन दर्पण निर्मल कर लूँ
यशोगान करके रघुवर का
फल चारों झोली भर लूँ

बुद्धिहीन बलहीन जीव हूँ
महावीर उद्धार करो
बल बुद्धि व ज्ञान का वर दे
क्लेश दुखों से पार करो

ज्ञान गुणों के आप हो सागर
तीन लोक महिमा अपार
बने दूत धारित अतुलित बल
पवनपुत्र जाने संसार

धीर बली महावीर कपि तुम
कुमति सबकी नाश करो
स्वर्ण सी आभामयी छवि संग
कुण्डल केश श्रृंगार करो

लिए हाथ में वज्र और ध्वज
काँधे जनेऊ सजाया है
पुत्र केसरी और अन्जनी ने
तेज अलौकिक पाया है

विद्या गुण प्रज्ञा चतुराई
रघुवर सेवा बहुत सुहाई
दिव्य चरित गुणगान भक्त कर
प्रभु राम की प्रीति पाई

सूक्ष्म रूप दिखला सीता को
राम का कुशल सन्देश दिया
भीमकाय हो असुर संहारे
लंका अनल की भेंट किया

शिखर उठा संजीवन लाये
राम ने कंठ लगाया था
करके कपि की अति प्रशंसा
भाई सा प्रेम दिखाया था

सदा रहे यश गान तुम्हारा
दिया प्रभु ने ये वरदान
ब्रह्मा नारद और देवगण
कपि गुणों का करे बखान

यम कुबेर कवि विद्वजनों ने
महिमागान के किये प्रयास
दिव्य कीर्ति अमर अलंकृत
भक्त डूब पाए आभास

उपकृत कर सुग्रीव को तुमने
राज सिंहासन दिलवाया
राम कृपा से असुर विभीषण
धर्म निष्ठ था कहलाया

कई सहस्त्र योजन पर स्थित
रवि को तुमने फल जाना
निगल गए ये पूंज प्रकाश का
शौर्य तुम्हारा जग माना

मुख धर राम नाम मुद्रिका
सागर को भी लांघ गए
नाम लिया जो भक्त तुम्हारा
सिद्ध उसी के काम हुए

राम द्वार के तुम हो रक्षक
बिन आज्ञा न मिले कृपा
सब सुख रहते शरण तुम्हारी
भय संकट न सके डिगा

तेज तुम्हारा तुम ही थामो
जग काँपे जब वज्र संभालो
भूत प्रेत भी निकट न आये
जिव्हा नाम जब तेरा आए

जपे निरंतर नाम तुम्हारा
बुझे हृदय में पाप की ज्वाला
संकट भक्तों का टल जाए
सच्चे मन जब तुम्हें बुलाये

राम है श्रेष्ठ तपस्वी राजा
काज प्रभु का तुमने साधा
लिए मनोरथ जो भी आता
कृपा से झोली भर के जाता

चार युगों में व्याप्त हुआ यश
महिमा का फैला उजास
संतो के बन के रखवाले
दुर्जन जन का किया विनाश

प्राप्त किया वर वैदेही से
करो तुम्हीं सिद्धी का दान
सदा रहे प्रभु शरण कपिवर
राम रसायन कर रसपान

तुम्हे भजा तो राम मिले है
संकट सभी विलीन हुए
अंत समय हरिधाम पधारे
और राम में लीन हुए

कपि की सेवा हर सुख देती
दुःख संताप सभी हर लेती
संकट जीवन के कट जाते
सच्चे मन जब तुम्हें बुलाते

महावीर हनुमान की जय हो
गुरु कृपा से हृदय अभय हो
भक्त पाठ शत बार करे जो
मन अपना आनंद भरे वो

भक्तों पर सिद्धि बरसाते
स्तुति तुम्हारी जो भी गाते
राम भक्त ने करके रचना
किया है अर्पित भाव ये अपना

तुम सबके संकट मोचन हो
भक्तो का तुम पर विश्वास
लक्ष्मण सीता राम सहित कपि
करो हमारे मन में वास

3. महामृत्युंजय मंत्र

महामृत्युंजय मंत्र की रचना अकाल मृत्यु से रक्षा हेतु हुई थी, मार्कण्डेय ने शिवजी की आराधना के लिए मंत्र की रचना की और काल को भी परास्त करने में सफल हुए ।

शिव भक्त मृकण्ड ऋषि ने संतान प्राप्ति हेतु घोर तप किया और महादेव उनपर प्रसन्न हुए। उन्होंने ऋषि को कहा की मैं विधान को बदलकर तुम्हें पुत्र का वरदान दे रहा हूं, लेकिन इस वरदान में हर्ष के साथ विषाद भी होगा। भोलेनाथ के वरदान से मृकण्ड को एक पुत्र प्राप्त हुआ, जिसका नाम मार्कण्डेय पड़ा। ज्योतिषियों ने मृकण्ड को बताया कि यह विलक्षण प्रतिभा का धनी बालक अल्पायु है और इसकी उम्र केवल 12 वर्ष है।

मार्कण्डेय बड़े होने लगे तो पिता ने उन्हें शिवमंत्र की दीक्षा दी, इधर माता ने मार्कण्डेय को अल्पायु होने की बात बता दी। मार्कण्डेय ने निश्चय किया कि माता-पिता के सुख के लिए वह भगवान शिव से ही दीर्घायु होने का वरदान प्राप्त करेगा जिन्होंने उसे जीवन दिया है। बारह वर्ष पूरे होने को आए थे, मार्कण्डेय ने शिवजी की आराधना के लिए महामृत्युंजय मंत्र की रचना की और अखंड जप का संकल्प ले बिना रुके जप करते रहे।

समय पूरा होने पर यमदूत बालक को लेने आए तो यमदूतों ने देखा कि बालक महाकाल की आराधना कर रहा है, उन्होंने थोड़ी देर प्रतीक्षा की परन्तु यमदूतों का मार्कण्डेय को छूने का साहस न हुआ और वे लौट गए। उन्होंने यमराज को बताया कि वे बालक तक पहुंचने का साहस नहीं कर पाए। इस पर यमराज ने कहा कि मृकण्ड के पुत्र को मैं स्वयं लेकर आऊंगा। यमराज मार्कण्डेय के पास पहुंच गए। बालक मार्कण्डेय ने यमराज को देखा तो जोर-जोर से महामृत्युंजय मंत्र का जप करते हुए शिवलिंग से लिपट गया। यमराज ने जब बालक को शिवलिंग से खींचकर ले जाने की चेष्टा की तो एक जोरदार हुंकार से मंदिर कांपने लगा।

शिवलिंग से स्वयं महाकाल प्रकट हो गए। उन्होंने हाथों में त्रिशूल लेकर यमराज को सावधान किया और पूछा तुमने मेरी साधना में लीन भक्त को खींचने का साहस कैसे किया ? यमराज महाकाल के इस प्रचंड रूप से कांपने लगा। यमराज बोला -प्रभु मैं आप का सेवक हूं, आपने ही जीवों से प्राण हरने का निष्ठुर कार्य मुझे सौंपा है। भगवान का क्रोध कुछ शांत हुआ तो बोले, मैं अपने भक्त की स्तुति से प्रसन्न हूं और मैंने इसे दीर्घायु होने का वरदान दिया है। तुम इसे नहीं ले जा सकते।

यम ने कहा-प्रभु आपकी आज्ञा सर्वोपरि है, मैं आपके भक्त मार्कण्डेय द्वारा रचित महामृत्युंजय का पाठ करने वाले को त्रास नहीं दूंगा। महाकाल की कृपा से मार्कण्डेय दीर्घायु हुए और यह मंत्र अकाल मृत्यु से रक्षा का कवच बन गया।

कथा

शंकर भक्त मृकण्ड ऋषि के
कोई न थी संतान
जाप ध्यान साधना करके
पाया शिव वरदान

विधि के बंधन तोड़ के शिव ने
सौंपी ऋषि को इक संतान
जीवन बारह वर्ष ही होगा
किया था निश्चित संग विधान

ऋषि दंपति हुए मुदित
जब पुत्र गोद में आया था
उम्र बढ़ी ज्यों मात पिता पर
चिंता व भय छाया था

पिता के जैसे ही बालक ने
शिव को आराध्य बनाया था
जाप साधना को अपनाकर
धर्म निष्ठ कहलाया था

ऋषि पुत्र मार्कण्डेय ने जाना
माँ से शिव का वो वरदान
मन में था विश्वास की शिव ही
देंगे इसका कोई निदान

रचना कर मृत्युंजय मंत्र की
बालक करने लगा था जाप
भक्ति संग विश्वास हृदय में
लगा था भरने नव उल्लास

आया फिर,विधि से निश्चित दिन
यमदूत उसे लेने आये
देख लीन शिव की भक्ति में
कर्म से अपने कतराए

लौटे खाली हाथ दूत तो
यम उन पर बौराया था
बालक को संग ले जाने को
स्वयं धरा पे आया था

शिवलिंग से लिपटा वो बालक
लीन था शिव की भक्ति में
हाथ पकड़ ज्यों खींचा यम ने
तीव्र तड़ित कौंधी नभ में

प्रकट हुए स्वयं महादेव और
क्रोध में यम से बोले थे
भक्त लीन मेरी भक्ति में
तुम क्या यह भी भूले थे

यम अब भय से कांप उठा था
गलती अपनी मानी थी
प्राणदान मार्कण्डेय को देकर
क्षमा प्रभु से माँगी थी

यम ने उस दिन दिया वचन
जो भी इस मंत्र का जाप करे
काल न उसको स्पर्श करेगा
मृत्यु न उसे अकाल हरे

वंदना (भावानुवाद)

करें स्तुति त्रिनेत्र देव की
जिनसे सारा जग सुरभित
शिव है समृद्धी के दाता
सृष्टि भी उनसे पोषित

मृत्यु नश्वरता के भय से
हम ऐसे मुक्ति पाए
पका हुआ फल शाख से जैसे
तोड़ के बंधन गिर जाए

4. शिव तांडव स्त्रोत

लोक मान्यता अनुसार महाबली रावण ने एक दिन कैलाश पर्वत कोही उठा लिया और अहंकार भाव में जब पूरे पर्वत को लंका ले चलने को उद्यत हुआ तो शिव जी को उसका यह अहं अनुचित लगा और क्रोधित हो भोले बाबा ने,अपने अंगूठे से पर्वत तनिक सा दबाया,तो कैलाश जहां था फिर वहीं अवस्थित हो गया।

शिव के अनन्य भक्त रावण का हाथ पर्वत के नीचे दब गया और वह आर्तनाद कर उठा -"शंकर-शंकर" -क्षमा करिए,क्षमा करिए और शिव जी की स्तुति करने लग गया जो कालांतर में शिव तांडव स्त्रोत कहलाया।

इस स्रोत की भाषा संस्कृत है और अत्यंत अनुपम और जटिल है।मान्यता अनुसार विद्वान रावण ने शिव तांडव स्त्रोत को कुछ ही पलो में रच दिया था ।जन आस्था अनुसार शिव की स्तुति और प्रसन्नता में यह स्रोत अत्यंत प्रभावशाली और चमत्कारी है।

कथा

लंका का राजा था रावण
वीर बली ज्ञानी गुणवान
सुख वैभव ऐश्वर्य भोगते
उसके मन जागा अभिमान

भक्त अनन्य वो महादेव का
वेद ऋचाओं का ज्ञाता
धरम पुण्य में रूचि थी गहरी
जुड़ा दंभ से फिर नाता

अहंकार में डूब के इक दिन
पाप कृत्य की ओर मुड़ा
उठा गिरी कैलाश हाथ में
वो लंका की ओर चला

महादेव ने अंगूठे से
पर्वत पुनः झुकाया था
एक हाथ दंभी रावण का
शिखर के नीचे आया था

हाथ दबा तो आर्तनाद कर
प्रभु का नाम पुकारा था
हो कातर फिर क्षमा मांगते
दंभ टूट के हारा था

क्रोध शमन करने शिव का फिर
रावण ने स्तुति गान किया
अद्भुत शिव स्त्रोत को रचकर
भक्त ने अनुपम काम किया

महादेव ने स्तुति सुनी जब
क्रोध प्रभु का शांत हुआ
शिव के महिमामय स्वरुप का
भक्त के मुख यशगान हुआ

रावण ने शंभू पूजन कर
जब इस स्त्रोत का पाठ किया
पाई कृपा उसने शंकर की
सुख वैभव संग वास किया

शिव का चिंतन किया भक्त ने
मोह माया का नाश हुआ
पावन भाव से पूजन करके
सत्य गति वो प्राप्त हुआ

शिव तांडव स्त्रोत (भावानुवाद)

केश बहे निर्मल जलधारा
सरि गंगा ने कंठ संवारा
सर्प हार बन गले में झूले
जग कांपे डम डम से सारा

तांडव नृत्य किया जब शिव ने
मंगल भाव ने जीवन तारा
रूद्र की उलझी जटा से निकली
शीश सुशोभित गंगा धारा

तेज से शिव के हुई प्रज्जवलित
मस्तक धधक रही जो ज्वाला
अद्र्धचन्द्र से शीश सजा है
बढ़े यूँ ही अनुराग हमारा

कण कण व्याप्त दिगम्बर शिव की
भक्ति ने जीवन को तारा
गज की चर्म से हुए सुशोभित
आशुतोष है नाम तुम्हारा

हर सिद्धि के दाता शिव पर
रहे अटल विश्वास हमारा
यम को बल से किया पराजित
काल तुम्हारे भय से हारा

मन जिसके ब्रह्माण्ड है बसता
सृष्टि उमा संग जो रचता
पालनहार बने भक्तो का
दुःख संताप क्लेश वो हरता

शिव ही है भक्तो के रक्षक
शिव ही है सबके आधार
जटा में लिपटे सर्प मणिक से
बिखरी आभा हुआ उजास

इंद्र ललाट की रज पुष्पों में
अर्पित तुम्हें वो तारणहार
सर्प है भीषण जटा विराजे
बाल चन्द्र से शीश संवार

हो अनन्त और अविनाशी तुम
दंभ इंद्र का दहन किया
मस्तक ज्वलित अनल से जिसने
कामदेव को भस्म किया

दमन किया तुमने असुरों का
दक्ष यज्ञ विध्वंस किया
कामदेव त्रिपुरासुर बली व
अंधकासुर का अंत किया

मेघ घिरें ज्यों रात अमावस
कंठ लालिमा छाई है
सृजन किया सुंदर प्रकृति का
भक्ति अलख जगाई है

जग ये धारित किया तुम्हीं ने
सृष्टि यहीं समाई है
सर्प लाल धर जटा में शिव ने
मस्तक मुकुट सजाई है

हो पाषाण या वस्त्र सुकोमल
सर्प या मणिको की माला
राजा प्रजा, मित्र व शत्रु
रत्न को भी मिट्टी माना

सब पर सम दृष्टि रखते हो
जग में तुम हो अविनाशी
सभी कलाओं के ज्ञाता हो
शिव शंभू तुम कैलासी

तुम स्वामी हो सृष्टि के और
अधिनायक हो इस जग के
मुक्त करो भक्तो का जीवन
मन मंदिर भीतर बस के

मालाओं में गूंथे पुष्प से
मंद प्रवाहित गंध हुई
तांडव लीन हुए जब शंकर
डमरू नाद प्रचण्ड हुई

भस्म किये सब पाप अनल में
वास किया सब जीवो में
मंगल गान से नाश दुखों का
शिव सुंदर हो तुम जग में

सत्य सनातन हुए सदाशिव
भूतनाथ अन्तर्यामी
अर्धनारी का रूप धरे हो
रूद्र विकट सबके स्वामी

मंगल ध्वनि मृदंग की गूंजे
मग्न हुए शिव तांडव में
नागों की फुफ़कार से भीषण
नाद था गूंजा अम्बर में

प्रभायुक्त है नीलकमल सा
कंठ विभूषित कंधे पर
योगी भोलेनाथ आपको
भजे यूँ ही हम जीवन भर

नित्य पाठ व श्रवण करे जो
शिव तांडव का स्त्रोत
भाव हो पावन उस प्राणी के
वो पाए शिव बोध

शिव पूजन के अंत करे जो
तांडव स्त्रोत का गान
उस पर कृपा लक्ष्मी की हो
पाए धन व मान

5. सुंदरकाण्ड

सुंदरकाण्ड वाल्मीकि कृत रामायण का एक भाग (कांड) ही नहीं, रामायण का हृदय स्थल भी है।मूल सुंदरकांड संस्कृत में है और वाल्मीकि द्वारा रचित है।गोस्वामी तुलसीदास जी कृत **श्री राम चरित मानस** में भी सुन्दरकाण्ड उपस्थित है।श्री रामचरित मानस का सुन्दरकाण्ड **अवधी** में रचा गया है।

सुन्दरकाण्ड में **हनुमानजी** द्वारा किये गये महान व साहसिक कार्यों का वर्णन है।रामायण पाठ में सुन्दरकाण्ड के पाठ का विशेष महत्व माना जाता है।सुंदरकाण्ड के मुख्य घटनाक्रम है-हनुमान जी का लंका की ओर प्रस्थान,सागर पर उड़ते हुए मैनाक पर्वत व सुरसा से भेंट,सिंहिका का वध,सीता को खोज कर उन्हें श्री राम की मुद्रिका देना,अक्षय कुमार का वध,लंका दहन और लंका से वापसी।

सीताजी के बारे में संपाति से जानने के बाद,जांबवंत की प्रेरणा से हनुमानजी को अपनी शक्तियां याद आ गईं और हनुमानजी ने एक विशाल रूप धारण किया,इसके बाद हनुमानजी उड़ते हुए समुद्र पार करने के लिए आगे बढ़ते हैं।जब हनुमानजी समुद्र पार कर रहे थे तब रास्ते में मैनाक पर्वत आया।मैनाक पर्वत ने हनुमानजी से कहा कि लंका जा रहे हैं,थक गए होंगे,कुछ देर मुझ पर विश्राम कर लें।हनुमानजी ने मैनाक पर्वत को हाथ से छू लिया और कहा

कि जब तक मैं श्रीराम का काम पूरा नहीं कर लेता मुझे आराम नहीं करना है।

मैनाक पर्वत के बाद हनुमानजी का सामना सुरसा राक्षसी से होता है।नागो की माता सुरसा अपना आकार छोटा-बड़ा कर सकती थी।उसने हनुमानजी का रास्ता रोक लिया और कहा कि आज तू मेरा आहार है।तब हनुमानजी ने सुरसा से कहा कि माता अभी मैं श्रीराम का काम करने जा रहा हूं,कृपया मेरा रास्ता न रोकें।श्रीराम का काम पूरा होने के बाद मैं स्वयं तुम्हारे मुख में प्रवेश करूँगा, जब सुरसा ने अपना हठ नही त्यागा तो हनुमान जी ने लघु रूप धर कर,सुरसा के मुख में प्रवेश किया और तुरंत ही बाहर निकल आये।नागों की माँ सुरसा के मुख से निकलने के बाद हनुमानजी ने देवों द्वारा भेजी गई राक्षसी सिहिंका का वध किया और समुद्र पार करके लंका जा पहुँचे।

लंका में हनुमानजी सीताजी की खोज करते हैं और अंततः उन्हें अशोक वाटिका में पाते हैं ।अशोक वाटिका में, सीताजी को रावण और उसकी राक्षसियों द्वारा रावण से विवाह करने के लिए लुभाया जाता है और धमकाया जाता है।हनुमानजी ने सीता जी के समक्ष राम के दूत के रूप में स्वयं को प्रकट किया।हनुमानजी ने उन्हें आश्वस्त किया और श्रीराम नाम की अंगूठी को पहचान के रूप में दिया।उन्होंने सीताजी को श्रीराम के पास वापस ले जाने का प्रस्ताव रखा जिस पर सीताजी ने कहा की अपने पति के अलावा वे किसी और द्वारा अपनी रक्षा किये जाने की अनुमति नहीं देंगी।वह कहती है कि श्रीराम को स्वयं आकर इस अपहरण के

अपमान का प्रतिशोध लेकर दुष्ट रावण का वध करना चाहिए।

हनुमानजी तब लंका की अशोक वाटिका को नष्ट कर रावण के योद्धाओं को मार देते हैं और स्वयं को ब्रहमास्त्र के आगे समर्पित कर रावण के सामने प्रस्तुत होते हैं।वह भरी सभा में रावण को सीताजी को छोड़ने के लिए सलाह व उपदेश देते हैं।उन्हें प्रताडित कर पूंछ में आग लगा दी जाती है,लेकिन वह बंधनों से बच निकलते हैं और नगर के भवनों की छतो पर छलांग लगाते हुए रावण की **लंका को दहन** करते हैं,और सीताजी की कुशलता का शुभ समाचार लेकर किष्किंधा लौट आते हैं।

धार्मिक मान्यता के अनुसार हनुमान चालीसा का पाठ करने से घर में सद्भावना आती है, कष्ट संताप दूर होते हैं।कई हिंदू मानते हैं कि अगर किसी के पास पूरी रामायण पढ़ने का समय नहीं है,तो उसे श्री रामभक्त हनुमानजी की कृपा प्राप्त करने हेतु सुंदरकांड का पाठ करना चाहिए।

संक्षिप्त सुंदर कांड

सात कांड रामायण में
पावन सुंदर कांड
रामभक्त की महिमा का
इसमें हुआ बखान

जब सीता की खोज भटकते
वन वन घूम रहे थे राम
दक्षिण दिशा में वानर राज ने
भेजे थे अंगद हनुमान

वानर दल को संपाति ने
सीता का पता बताया था
लंका में माता बंदी है
रावण हरके लाया था

घिरी हुई सागर से लंका
हरेक दिशा से रक्षित थी
वीर बली असुरो की नगरी
तीन लोक में अविजित थी

सौ योजन चौड़ा था सागर
बसी हुई लंका उस पार
वानर दल में हनुमान ही
जा सकते थे इसके द्वार

जाम्बवंत ने कपि को उसकी
शक्ति याद दिलाई थी
काया भी अब पवनपुत्र की
विस्तारित हो आई थी

वक्ष फुला भरके साँसों को
भुजा-पैर बल संचित कर
महानाद कर नभ में कूदे
नाम जिव्हा पे राम का धर

तीव्र गति ज्यों बहती नौका
कपि यूँ नभ में उड़ते थे
ऊंची लहरें तन को छूती
गरज के आगे बढ़ते थे

कहें ऋषिवर और महात्मा
पार कपि को है जाना
कार्य सिद्ध कर श्री राम का
अब पौरूष है दिखलाना

चीर पवन को बाण से उड़ते
कपिवर लंका ओर चले
आस यही थी पहुँच वहाँ पे
जनकनंदिनी कुशल मिले

सोच रहे थे दिखी न सीता
स्वर्ग खोजने जाऊंगा
यदि वहाँ भी मिली न माता
रावण को बांध के लाऊंगा

या तो सफल मनोरथ होगा
माता संग लौट के आयेंगी
जनकनंदिनी नहीं मिली तो
लंका ही नष्ट हो जायेगी

गिरी मैनाक ने शिखर उठाकर
कपि का जब आह्वान किया
पर्वत को हनुमान स्पर्श कर
आदर और सम्मान दिया

सुरसा निकल के आई जल से
मुख अपना फैलाया था
रूप लघु धर , पूर्ण करी हठ
वर हनुमान ने पाया था

पकड़ के छाया हनुमान की
खींचा सिंहिका ने पुरजोर
मुख विदीर्ण करके असुरी का
उड़े कपि लंका की ओर

शक्ति बल के कपि धनी थे
मति प्रखर व धीर अपार
लंका में वो जा पहुंचे थे
करके हर संकट को पार

पाया सीता को जब सकुशल
ढांढस उसे बंधाया था
वानर वीरों की शक्ति का
परिचय आज कराया था

राम नाम की सौंप मुद्रिका
शंका-भय निस्तार किया
राम के वन जीवन का वर्णन
सीता से विस्तार किया

ध्वंस करी फिर वृक्ष वाटिका
असुरों का संहार किया
सभा में रावण की जब आए
धर्म नीति उद्गार किया

किया प्रताड़ित जब रावण ने
पूंछ जला के कपड़ो से
ध्वंस किया लंका का वैभव
अनल की भीषण लपटों से

धूं-धूं जलती देख के लंका
हतप्रभ हुए थे पुरवासी
एक अकेले वानर ने ही
दिखला दी थी ये झांकी

भस्म हुए सब महल भवन तो
पूंछ दाह कपि शांत किया
कुशल क्षेम सीता का लेने
प्रमदा वन प्रस्थान किया

सकुशल देखा जब सीता को
झुक कर उन्हें प्रणाम किया
रामकाज अब पूर्ण हुआ था
पर्वत ओर प्रयाण किया

कपिवर जांबवंत अंगद संग
राम सम्मुख अब आए थे
माँ सीता की दीन दशा के
वर्णन सभी सुनाए थे

हनुमान ने किया निवेदन
सेना संग लंका जाना है
माँ सीता को दुष्ट असुर के
बंधन से मुक्त कराना है

देख कपि का शौर्य बुद्धि बल
राम ने गले लगाया था
कपि ने निष्ठा व भक्ति से
प्रेम प्रभु का पाया था

त्याग समर्पण सच्चे मन से
करे राम का जो सुमिरन
पाप नष्ट हो जीवन के सब
प्रभु प्रकट हो उसके मन

6. रूद्र गीत

राजा पृथु के वंश में आगे चलकर प्राचीनबर्हि का शासन आता है।राजा के दस पुत्र प्रचेता कहलाते है। भगवान शिव,राजा प्राचीनबर्हि के पुत्रों को उपदेश स्वरूप रूद्र गीत नामक एक दिव्य स्तोत्र सुनाते है।यह गीत भगवान शिव द्वारा परम भगवान वासुदेव (विष्णु)को समर्पित है,इसे मुक्ति स्तोत्र भी कहा जाता है।भगवान शिव,राजा प्राचीनबर्हि के पुत्रों को विष्णु स्वरूप और उनके विभिन्न रूपों का रूद्र गीत के माध्यम से बहुत सुंदर और प्रभावशाली वर्णन करते हैं।यह रूद्र गीत भगवान शिव द्वारा परमेश्वर विष्णु को समर्पित एक दिव्य और उच्च आध्यात्मिक स्तोत्र है,जिसका उच्चारण भक्तों के लिए पवित्रता और मुक्ति का मार्ग खोलता है।

प्रभु शांत इक रस अनंत है
स्वयं प्रकाश से व्याप्त है
वासुदेव-प्रद्युम्न-पद्मनाभ
ब्रह्मांड नियंता आप है

क्षय वृद्धि से परे आप हैं
तेज जगत में आलोकित
संकर्षण अनिरुद्ध आप हैं
वीर्य अग्नि से है शोभित

पावन हृदय में वास आपका
स्वर्ग मोक्ष के द्वार हो
पितर व देवों के पोषक
तृप्त सर्व रस आप हो

आप ही वायु,प्राण रूप है
देह पृथ्वी स्वरूप हो
आप ही हो आकाश तत्व व
आप ही बैकुंठ लोक हो

आपसे ही है पितृ लोक
और देवलोक के हैं साधन
आप ही हो दुखदायी मृत्यु
सब इच्छाओं के कारण

सांख्य योग के आप अधीश्वर
मंत्र मूर्ति आप हैं
कारण-कर्ता, कर्म आप हैं
दंभ रूद्र भी आप है

आपकी भक्ति की अभिलाषा
आपका पूजन करते हैं
रूप व गुण से तृप्त करे जो
ऐसा दर्शन करते हैं

चार भुजाएं हैं अति सुंदर
मुख भी बहुत मनोहर है
कमल से सुंदर नयन आपके
कर्ण सुशोभित कुंडल है

भौंहें सुंदर,सुघड़ नासिका
मोहक दंत,अमोल कपोल
मेघ समान श्याम वर्ण से
ये सौंदर्य बने अनमोल

तिरछी चितवन,काली अलके
प्रीति युक्त उन्मुक्त हंसी
पीतांबर फहराए ऐसे
शोभा अनुपम नयन बसी

कुंडल झिलमिल,चमक मुकुट की
कंकण,हार,नूपुर-भूषण
शंख,चक्र,गदा,पद्म-माला
मणि कौस्तुभ से चमके तन

दिव्य है विग्रह प्रभु आपका
तम मन का ये दूर करे
आश्रय इसी रूप का पाकर
भक्तों का भय दोष हरे

चित्त शुद्धि की रख अभिलाषा
करें निरंतर आपका ध्यान
भक्त करें स्वधर्म का पालन
पाए फिर वे आत्म का ज्ञान

पा लेना है आपको दुर्लभ
दर्शन कठिन दुसाध्य है
इक क्षण को हो जाए समागम
भक्त यदि निष्पाप है

साधक जो न विषय भटकता
चित्त निर्मल निष्काम है
गुहा निकल अज्ञान की उसको
आपका दर्शन प्राप्त है

रूप कई माया से धारित
रचना पालन करें संहार
आप पे बस न चले किसी का
न उत्पन्न हो कोई विकार

आप ही आदि पुरुष जगत के
आपसे ही उत्पन्न संसार
माया शक्ति को जागृत कर
प्रलय काल करते संहार

मोह प्रमाद से चिंतित रहकर
लोभ लालसा बढ़े अपार
काल बने सहसा लीलें सब
करे आप ही जग संहार

स्मरण आपको जो न करता
आयु व्यर्थ गंवाता है
चरण कमल को बिसराकर वो
जीवन भर अकुलाता है

7. माँ अम्बे की आरती

मां अंबे की आरती माता के विभिन्न रूपों और भक्तों के दुख हरने की महिमा का वर्णन है।मां की आरती का नियमित पाठ भक्तों को आध्यात्मिक और मानसिक लाभ प्रदान करता है।आरती से नकारात्मक ऊर्जा का ह्वास होता हैसंकट बाधाएं दूर होती हैं,चिंता व तनाव नष्ट हो जाता है।इससे भक्तों के जीवन में सुख समृद्धि आती है,धैर्य-आत्मविश्वास व आत्मबल में वृद्धि होती है।यह आरती मां की कृपा पाने का सहज व प्रभावी साधन है।

भावानुवाद

जय अंबे,जय गौरी माँ
तेरी जग में जय जयकार
ब्रह्मा विष्णु, शिव भी करते
स्तुति तुम्हारी बारंबार

मांग सिंदूर है लाल सुशोभित
मस्तक कस्तूरी टीका
रूप चंद्र सा शीतल उज्जवल
मुकुट सजा है चमकीला

काया कंचन सी जगमग है
लाल वसन से ढकी हुई
पुष्पों की इक सुंदर माला
कंठ पे माँ के सजी हुई

हुई सिंह सवार जो माता
शस्त्र खप्पर को धारण कर
देव दानवों और ऋषियों के
सब दुख को फिर लेती हर

कर्णों में शोभित है कुण्डल
नसिका मोती शोभा मान
तेज प्रकाशित है माता का
कोटि चंद्र व रवि समान

शुंभ निशुंभ का किया पराभव
महिषासुर संहार किया
लिए क्रोध की अनल नयन में
सृष्टि का उद्धार किया

वध कर धुम्र विलोचन का मां
रक्त बीज का किया हरण
चंड-मुंड से मुक्त धरा कर
मधु-कैटभ भी हुए दमन

हो ब्रह्मा की ब्रह्माणी तुम
शिव शक्ति हो रूद्राणी
विष्णु की कमलारानी हो
तंत्र वेद कहने वाली

शिव के हृदय में वास तुम्हारा
ताल मृदंग यश गाते हैं
डमरू की धुन पर हे माता
भैरव नृत्य कराते हैं

रचना सृष्टि की तुमसे ही
तुम हो जग की पालनहार
भक्तों के सब दुख हरती हो
कृपा का देती हो उपहार

शोभित हैं माँ चार भुजाएं
वर मुद्रा को धारण कर
नर नारी सेवा करके ही
पाते हैं मनचाहा वर

सोने के इक थाल सजाई
धूप-दीप,कपूर-बाती
कोटि रत्न सी शक्ति पीठ में
हुई है मां की जोत विराजित

आरती माँ की जो भी गाए
धन वैभव वो प्राप्त करे
कहे यही शिवानन्द स्वामी
सुख संग भक्त निवास करे

www.ingramcontent.com/pod-product-compliance
Lightning Source LLC
Chambersburg PA
CBHW022113150726
47990CB00003B/1341